5e

11-12 ans

Du cycle 3 au cycle 4

Maîtriser la conjugaison

Stéphanie Grandouiller

© Éditions Hatier, Paris, 2018 - ISBN 978-2-401-04419-7

Trouver le sujet d'un verbe

Je compt
mes point

Observe et retiens

Comment s'organise une phrase ? Qu'est-ce qu'un sujet ?

- Une phrase simple est organisée autour d'un verbe conjugué et de son sujet.
- Le sujet désigne l'être ou la chose qui fait l'action exprimée par le verbe.

Une cyberattaque massive [*bloque*] *des milliers d'ordinateurs.*

→ Le verbe *bloque* s'accorde avec le nom principal *cyberattaque* du GN sujet *Une cyberattaque massive*.

Pourquoi chercher le sujet d'un verbe ?

- Le verbe s'accorde avec le sujet : il change de forme selon que le sujet est au singulier ou au pluriel.
- Pour écrire un verbe sans faute, il faut donc commencer par repérer son sujet.

Le virus [*se diffuse*] *par le biais des courriels.*

Les virus [*se diffusent*] *par le biais des courriels.*

Comment chercher le sujet d'un verbe ?

Il faut poser la question « Qui est-ce qui/Qu'est-ce qui + verbe ? »

Qu'est-ce qui [*se diffuse*] *par le biais des courriels ?*

→ C'est *le virus* qui [*se diffuse*] par le biais des courriels.

ATTENTION Le sujet, souvent placé avant le verbe, peut être inversé.

1 Voici des phrases utilisées comme titres dans des articles de presse.

- Le marché du livre numérique ne [représente] que 4 % de l'édition française.
- L'allergie aux pollens ne connaît pas de limite d'âge.
- À Copenhague, le vélo électrique supplante la voiture.
- Résistance aux antibiotiques : l'OMS tire la sonnette d'alarme.
- Les 62 personnes les plus riches au monde possèdent autant que les 3,5 milliards les plus pauvres.

1. **Comme dans la première phrase, [encadre] les verbes conjugués et souligne le sujet de chaque verbe.**
2. **Dans le sujet, souligne deux fois le nom principal (avec lequel s'accorde le verbe).**

…… / 5

2 **Encadre les verbes au présent et souligne leurs sujets.**

Ma Yan, une jeune écolière chinoise, tient un journal dans lequel elle raconte son quotidien.

Cet après-midi, le dernier cours de la journée est une réunion de classe, où se règlent toutes les affaires de notre groupe, qu'il s'agisse des études ou des questions d'hygiène et de vie commune. Ma Ping et Ma Shengliang se battent. Soudain, le professeur ouvre la porte. Un camarade du nom de Hu rapporte l'histoire au professeur.

Le Journal de Ma Yan, de Ma Yan et Pierre Haski (2002), trad. He Yanping.

...... / 6

3 **Dans les phrases suivantes :**

1. **souligne le sujet du verbe ;**
2. **souligne deux fois le nom principal ;**
3. **complète les verbes conjugués au présent.**

Pour accorder le verbe, demande-toi si le sujet est au singulier ou au pluriel.

a) La haute montagne exig...... des précautions de la part du randonneur.

b) Comment s'appell......... les amis que vous avez rencontrés en vacances ?

c) L'arrivée des grosses chaleurs entraîn......... toujours de fortes pluies.

d) Voici le stade où s'entraîn......... les jeunes de mon quartier.

e) Ils vous adress......... en pièce jointe le formulaire complété.

...... / 5

4 EXERCICE DÉFI 1. **Colorie en orange les quatre étiquettes contenant des verbes conjugués puis en bleu les quatre étiquettes contenant les sujets des verbes.**

se lancent	Fouad et Claire	au skatepark.	Le public
les applaudit !	Ils	Mais	arrivent
les oblige	dans des figures périlleuses.	à freiner.	une trottinette

2. **Reconstitue et remets dans l'ordre les quatre phrases du texte.**

....

....

....

....

...... / 4

Le total de mes points est .... / 20

Conjuguer à l'imparfait de l'indicatif

Observe et retiens

◗ L'imparfait de l'indicatif est un **temps simple du passé** dont la conjugaison est régulière. Les terminaisons sont identiques pour tous les groupes.

Radical de l'imparfait :

celui du verbe à la 1re personne du présent
Ex. : nous vivons (au présent) → radical viv-

- **-ais** → *je viv**ais***
- **-ais** → *tu viv**ais***
- **-ait** → *elle viv**ait***
- **-ions** → *nous viv**ions***
- **-iez** → *vous viv**iez***
- **-aient** → *ils viv**aient***

◗ Dans un récit au passé, c'est le temps utilisé pour :
- **décrire** les personnages, les lieux, les actions secondaires ;
- évoquer des actions qui se sont **répétées**.

1 1. **Lis les textes suivants.**

Tous les soirs, la Bête lui [rendait] visite, [l'entretenait] pendant le souper avec assez de bon sens [...] Chaque jour la Belle [découvrait] de nouvelles bontés dans ce monstre.

Jeanne-Marie Leprince de Beaumont, *La Belle et la Bête* (1757).

Le feu [se reflétait] dans la mare ; et les grenouilles, commençant à s'y habituer, [hasardaient] quelques notes grêles et timides.

George Sand, *La Mare au diable* (1848).

2. **Relie le début de chaque phrase à la fin qui convient.**

Tous les verbes •	• indiquent des faits qui durent ou se répètent.
Les verbes du premier texte •	• décrivent le décor, les personnages.
Les verbes du second texte •	• sont à l'imparfait.

...... / 3

2 **Encadre** les verbes à l'imparfait et souligne leurs sujets.

1. Les aurores boréales illuminaient le ciel d'Islande.
2. Afin de réparer la fuite, le plombier se dirigea vers la vanne qui fermait l'eau.
3. L'iceberg géant qui s'est détaché de l'Antarctique faisait 5 800 km^2.
4. Dans la mythologie égyptienne, au commencement, seule existait une mer sombre.
5. Lors de la canicule, pour nous rafraîchir, nous nous rendions souvent à la piscine.

...... / 5

3 **Associe chaque sujet avec le verbe correspondant.**

Je •	• découvraient la mer pour la première fois.
Lola, Medhi et moi •	• ne comprenais pas son attitude.
L'homme •	• participions au journal du collège.
Quelques-uns •	• triait le courrier.

...... / 4

4 **Colorie les huit étiquettes contenant des verbes conjugués à l'imparfait.**

je déplaçais	nous crions	ils obligeaient	vous brilliez	tu fais	
nous peignions	vous peignez	nous pliions	tu rougissais	vous étudiez	
vous veniez	je criai	ils rougissent	tu balaies	je regardais	

...... / 4

5 **Fais le portrait de cette femme au passé en mettant les verbes à l'imparfait.**

Louise était médecin spécialisée en radiologie.

....

....

....

....

....

....

....

....

Après l'avoir décrite physiquement, tu peux citer certaines de ses occupations quotidiennes : « chaque matin… », « tous les jours… ».

...... / 4

Le total de mes points est .... / 20

Conjuguer au passé simple (3e personne)

Observe et retiens

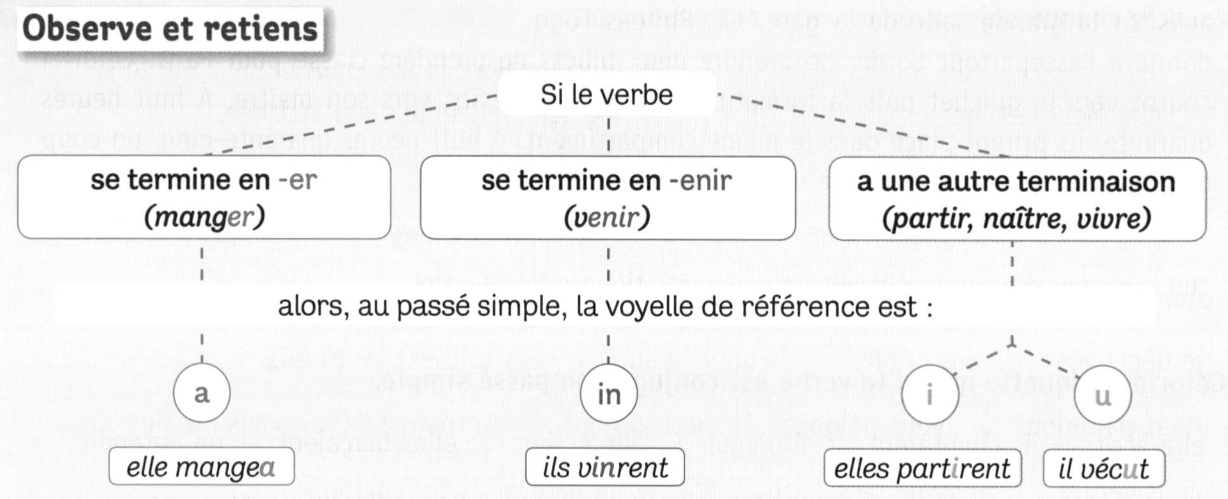

▸ Dans les contes ou les romans écrits au passé, c'est le temps qui permet de **rapporter les actions principales** et de faire progresser l'histoire.

1 1. **Lis le texte.**

« Nadia vint, comme à l'ordinaire, s'approcha sans méfiance d'un étalage de légumes pour acheter, cette fois, des haricots verts, et elle allait payer quand la marchande la saisit par le poignet, l'enleva et hop ! l'enferma dans le tiroir-caisse. »

Pierre Gripari, *La Sorcière de la rue Mouffetard*, dans *Les Contes de la rue Broca*, éditions de la Table ronde (1967).

2. **Les verbes encadrés dans le texte :**

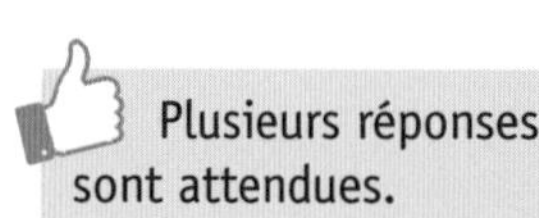

❑ a) sont à l'imparfait.

❑ b) sont au passé simple.

❑ c) mentionnent des actions qui font progresser le récit.

❑ d) évoquent des actions secondaires.

...... / 2

2 **Dans le texte suivant, encadre les verbes conjugués à la 3e personne du passé simple et souligne leur sujet.**

Phileas Fogg est un gentleman anglais du XIXe siècle qui a fait le pari de réussir un tour du monde en quatre-vingts jours.

Phileas Fogg et son domestique Passepartout montèrent dans un cab*, qui se dirigea rapidement vers la gare de Charing-Cross. À huit heures vingt, le cab s'arrêta devant la grille de la gare. Les deux hommes parcoururent aussitôt la grande salle de la gare. Là, Phileas Fogg donna à Passepartout l'ordre de prendre deux billets de première classe pour Paris. Celui-ci courut vers le guichet puis la formalité accomplie, il revint vers son maître. À huit heures quarante, ils prirent place dans le même compartiment. À huit heures quarante-cinq, un coup de sifflet retentit, et le train se mit en marche.

D'après Jules Verne, *Le Tour du Monde en quatre-vingts jours*, chapitre IV (1872).

*un cab = une diligence, véhicule à quatre roues tiré par des chevaux.

...... / 5

3 **Colorie l'étiquette quand le verbe est conjugué au passé simple.**

elle écrit	ils chantèrent	il perçut	elle écrivit	elles berçaient	on entendit
ils ont vécu	on évoqua	ils dirent	ils veulent	ils voulurent	il parvint

...... / 4

4 **Voici un extrait de récit rapportant le voyage d'une femme en Inde du Sud.**

1. Conjugue au passé simple les formes au présent.

Vers la fin de son voyage, elle (est).............. hébergée par une famille de chasseurs de serpents. Elle (reste).................... avec les membres de la famille dans la pièce commune après le dîner. Après les fatigues de la journée, la conversation (est)................. limitée. Assis par terre, ils (regardent).. deux acteurs danser à la télévision. Les enfants (se mettent)......................... alors à les imiter, entraînant bientôt les adultes dans leur danse.

...... / 5

2. Raconte la suite du récit, toujours au passé simple.

....

....

....

...... / 4

Le total de mes points est .... / 20

Conjuguer au passé composé

Observe et retiens

- Le passé composé est un temps du passé formé de **deux éléments** :

l'auxiliaire ***être*** ou ***avoir*** conjugué au présent de l'indicatif **+** **le participe passé** du verbe

- La **forme du participe passé** dépend du groupe du verbe :

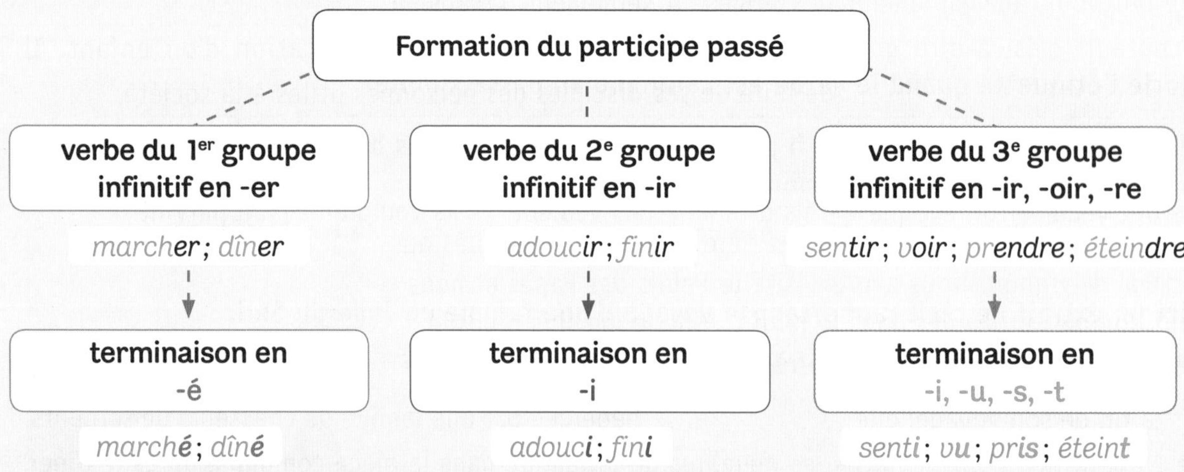

- Dans un récit, le passé composé est employé pour rapporter des événements passés **en lien avec le présent** de celui qui raconte.

1 Complète ces formes verbales avec *a* ou *est*.

1. Elle .... trouvé un indice.
2. Le train .... démarré.
3. Elle .... partie de bonne heure.
4. Ma voisine .... rentrée hier.
5. Il .... aperçu son reflet.
6. Il .... tombé de sa chaise.
7. Le visiteur .... pris sa veste.
8. Elle .... revenue de voyage.

...... / 4

2 **Barre la forme incorrecte et encadre celle qui convient.**

> Pour t'aider, remplace par un verbe d'un autre groupe, comme *vendre*.

1. Le bouquiniste a rangé/ranger sa collection de livres anciens.
2. Dimanche, je suis aller/allé voir une exposition sur les super-héros au musée des Arts ludiques.
3. Comme ma sœur écoutait de la musique, elle ne m'a pas entendu entrer/entré dans sa chambre et elle a sursauter/sursauté en m'apercevant.
4. C'est un guide touristique bien fait qui nous a donné/donner des informations utiles.
5. J'ai téléphoné/téléphoner à ma grand-mère pour lui donné/donner des nouvelles.

...... / 7

3 **Complète les pointillés en conjuguant au passé composé les verbes en bleu.**

Le philosophe chinois Confucius (marque)........ .... la civilisation chinoise. Il (naît)......... .... dans une famille de guerriers, mais il (choisit)........ .... d'abandonner cette voie. Il (préfère)......... .... consacrer du temps à la lecture et aux rites plutôt qu'au maniement des armes. À seulement 17 ans, il (devient)........ .... précepteur, c'est-à-dire qu'on lui (confie)......... .... l'éducation d'un enfant. Il (essaie)......... .... de faire de ses disciples des personnes utiles à la société.

...... / 7

4 EXERCICE DÉFI 1. **Lis le texte suivant.**

L'année dernière, mes parents, mon frère et moi sommes allés au festival d'Avignon. Nous avons visité le Palais des Papes et nous nous sommes promenés dans le jardin. Puis je me suis reposée sur le pont d'Avignon avec mon frère. Pendant ce temps, nos parents ont acheté des places de théâtre. Le soir, nous avons vu une comédie et nous avons bien ri !

2. **Encadre les sept verbes.**
3. **Souligne le sujet de chaque verbe.**
4. **Surligne en orange l'auxiliaire avoir et en vert l'auxiliaire être.**
5. **Surligne en jaune la terminaison des participes passés.**
6. **Complète les phrases suivantes.**

Avec l'auxiliaire « .... », le participe passé s'accorde avec le .... du verbe.
Avec l'auxiliaire « .... », le participe passé ne s'accorde pas avec le .... du verbe.

...... / 2

Le total de mes points est .... / 20

Employer les temps dans un récit au passé

Observe et retiens

- Voici un extrait de **récit au passé** :

« Réveillé par les premiers rayons du soleil levant, Robinson **commença** à redescendre vers le rivage d'où il **était parti** la veille. Il **sautait** de rocher en rocher [...], et il y **trouvait** un certain plaisir parce qu'il **se sentait** frais et dispos après une bonne nuit de sommeil. »

Michel Tournier, *Vendredi ou la vie sauvage*, © Éditions Gallimard (1971).

- Observe les temps utilisés.

LE PLUS-QUE-PARFAIT	L'IMPARFAIT	LE PASSÉ SIMPLE
pour rapporter des actions antérieures au moment du récit	pour décrire les circonstances et les actions secondaires	pour raconter les actions principales
avant	moment où se déroule le récit	

- REMARQUE Le plus-que-parfait est un temps composé formé de deux éléments : l'auxiliaire *être* ou l'auxiliaire *avoir* conjugué à l'imparfait + le participe passé du verbe.

1 **1. Encadre les verbes conjugués dans le texte.**

Depuis plusieurs jours, de gigantesques feux de forêt embrasaient la vallée ; les dirigeants avaient décidé de faire appel aux États voisins qui avaient acheté des canadairs. L'un d'eux accepta de les aider.

2. Classe dans le tableau suivant les verbes conjugués que tu as encadrés.

PLUS-QUE-PARFAIT	IMPARFAIT	PASSÉ SIMPLE
....	....	....
....	....	....

...... / 5

2 **Réécris ce récit au passé. Conjugue les verbes au passé simple (ceux écrits en orange) ou à l'imparfait (ceux écrits en vert).**

Énée et ses hommes se sont enfuis de Troie en bateau.
Ils viennent d'affronter une tempête.

Les Troyens (s'efforcent) .... de rejoindre le rivage le plus proche. Ils (trouvent) .... une baie qui (forme) .... un port naturel. Là, Énée (rassemble) .... et (fait) .... entrer les sept navires qui lui (restent) .... Ses compagnons (se laissent) .... tomber sur le sable, heureux de toucher enfin terre.

D'après Virgile, *L'Énéide* (Ier siècle av. J.-C.).

...... / 7

3 **Réécris ce récit au passé. Conjugue les verbes entre parenthèses aux temps du passé.**

L'étranger (arrive) .... en février, par une matinée brumeuse, dans un tourbillon de vent et de neige. [...] Il (est) .... bien enveloppé des pieds à la tête, et le bord d'un chapeau de feutre mou ne (laisse) .... apercevoir de sa figure que le bout luisant de son nez. La neige (s'est amoncelée) .... sur ses épaules.

Herbert George Wells, *L'Homme invisible* (1897), trad. Achille Laurent (1901).

...... / 4

4 **Écris la suite du récit en utilisant le passé simple, l'imparfait et le plus-que-parfait.**

Ils se levèrent à 5 heures du matin pour décoller avant le lever du soleil. Ils n'étaient jamais montés dans une montgolfière et avaient un peu peur

....

....

....

....

...... / 4

Le total de mes points est .... / 20

Conjuguer au présent de l'indicatif (1)

Observe et retiens

- Au présent de l'indicatif, les terminaisons au **pluriel** sont : **-ons, -ez, -ent**.
- Au **singulier**, il y a deux types de terminaisons, selon le groupe du verbe :

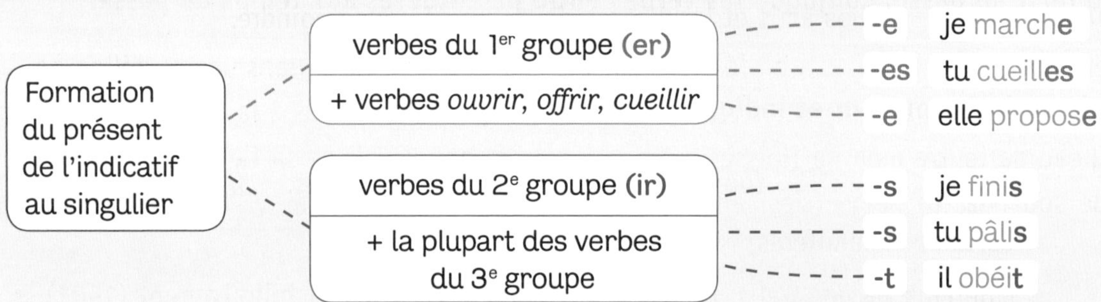

- Le plus souvent, le présent évoque des faits qui se produisent au moment où l'on parle, par exemple dans les dialogues ou les lettres. On l'appelle alors **présent d'énonciation**.
  Je t'écris pour prendre de tes nouvelles.
- Mais il peut prendre d'autres valeurs :

présent d'habitude	présent de vérité générale	présent historique
faits qui se répètent *Tous les matins, mon réveil sonne à 6h45.*	**faits vrais de tout temps** *Tout flatteur vit aux dépens de celui qui l'écoute.*	**faits passés évoqués au présent** *En 1848, on abolit l'esclavage.*

1 1. **Colorie les 3 verbes conjugués au présent.**

« – Eh bien ! Catherine, demanda-t-il, comment vous sentez-vous ?
– Il ne souffre plus, et je suis libre, répondit-elle. »

Emily Brontë, *Les Hauts de Hurlevent* (1847).

2. **Coche la bonne case.**

a) Dans ce texte, le présent est le temps : ❑ du récit ❑ du dialogue

b) C'est un présent : ❑ de vérité générale ❑ d'habitude ❑ d'énonciation

...... / 2

2 **Relie chaque verbe à son infinitif.**

il lit	elle écrit	il dort	elle s'écrie	il dore	il lie
dorer	s'écrier	lier	écrire	dormir	lire

...... / 1

3 **Complète les verbes conjugués au présent de l'indicatif.**

Nous nous dirige.......... vers la berge de la rivière, lanç.......... un dernier coup d'œil vers nos affaires puis nage.......... jusqu'à la barque qui dériv.......... . Nous nous hiss.......... à bord. Nous rejet.......... l'eau qui stagn.......... dans le fond et nettoy.......... l'embarcation. Ensuite, nous appel.......... nos amis et les encourage.......... à nous rejoindre.

À quelle personne du présent sont conjugués la plupart des verbes ?

...... / 5

4 **Conjugue le verbe au présent et indique sa valeur.**

finir
hiberner
obéir
jouer
aller

1. Je .... toujours les livres que j'ai commencés. *habitude*.........
2. Certains mammifères ....
3. Mon chat ne m'.......................... jamais. ....
4. En 2011, Jean Dujardin .... dans un film muet. ....
5. Comment ....-tu ? ....

...... / 5

5 EXERCICE DÉFI **Dans la grille, retrouve les verbes de la liste à la 3e personne du singulier (indicatif présent).**
Entoure en rouge ceux du 1er groupe, en bleu les autres.

créer
cuire
dénouer
envoyer
grandir
obtenir
pouvoir

• Les mots peuvent être cachés horizontalement, verticalement ou en diagonale.
• Dans le cas d'un verbe en *-yer*, le y se change en i devant *-e*.

W	H	B	D	É	C	O	U	S	U
C	R	É	É	H	U	Z	C	U	I
G	R	A	N	D	I	S	S	E	T
E	P	X	O	Z	T	C	É	R	Q
N	O	R	U	B	E	R	R	E	L
V	U	P	E	U	T	A	U	É	S
O	V	H	O	B	T	I	E	N	E
I	A	E	N	V	O	I	E	S	D
T	I	T	O	P	E	U	O	N	K
J	T	J	G	R	A	N	D	I	T

...... / 7

Le total de mes points est .... / 20

Conjuguer au présent de l'indicatif (2)

Observe et retiens

Au présent, certains verbes du **3ᵉ groupe** ont une conjugaison particulière.

- Les verbes en ***-dre*** gardent le ***d*** du radical au singulier :

  je prends; tu prends; il prend — *je couds; tu couds; il coud*

  Sauf les verbes en ***-indre*** et ***-soudre*** :

  je peins; tu peins; il peint — *je résous; tu résous; il résout*

- Les verbes ***pouvoir***, ***valoir***, ***vouloir*** prennent ***-x***, ***-x***, ***-t*** au singulier :

  je peux; tu peux; il peut — *je veux; tu veux; il veut*

- ATTENTION, à la 2ᵉ pers. du pluriel, ***dire*** et ***faire*** prennent ***-tes*** : *vous dites*; *vous faites.*
- Les auxiliaires ***être*** et ***avoir*** ont plusieurs radicaux :

  je suis; tu es; il est; nous sommes; vous êtes; ils sont
  j'ai; tu as; il a; nous avons; vous avez; elles ont

1 1. **Donne l'infinitif du verbe encadré.**

a) [Rejoignez]-nous au wagon restaurant dans un moment. ....

b) Est-ce que cette machine [moud] le café ? ....

c) Cet automobiliste qui passe au rouge [enfreint] le code de la route. ....

d) Les paysages d'Irlande [valent] le détour. ....

e) Vous [vous méprenez] sur ses intentions. se ....

2. **Quels sont les deux verbes qui prennent les terminaisons habituelles -s, -s, -t au singulier du présent ?**

....

..../7

Corrigés à détacher

Après avoir vérifié tes réponses ici, évalue-toi avec la grille en fin de cahier.

Trouver le sujet d'un verbe p. 2

OBJECTIF : identifier dans une phrase le verbe principal, isoler le sujet et son noyau

1 • L'allergie aux pollens ne connaît pas de limite d'âge.
• À Copenhague, le vélo électrique supplante la voiture.
• Résistance aux antibiotiques : l'OMS tire la sonnette d'alarme.
• Les 62 personnes les plus riches au monde possèdent autant que les 3,5 milliards les plus pauvres.

2 Cet après-midi, le dernier cours de la journée est une réunion de classe, où se règlent toutes les affaires de notre groupe, qu'il s'agisse des études ou des questions d'hygiène et de vie commune. Ma Ping et Ma Shengliang se battent. Soudain, le professeur ouvre la porte. Un camarade du nom de Hu rapporte l'histoire au professeur.

3 a) La haute montagne exige des précautions de la part du randonneur.
b) Comment s'appellent les amis que vous avez rencontrés en vacances ?
c) L'arrivée des grosses chaleurs entraîne toujours de fortes pluies.
d) Voici le stade où s'entraînent les jeunes de mon quartier.
e) Ils vous adressent en pièce jointe le formulaire complété.

4 1.

verbes conjugués	sujets des verbes
se lancent	Ils
applaudit	Le public
arrivent	Fouad et Claire
oblige	une trottinette

2. • Fouad et Claire arrivent au skatepark.
• Ils se lancent dans des figures périlleuses. • Le public les applaudit !
• Mais une trottinette les oblige à freiner.

Conjuguer à l'imparfait de l'indicatif p. 4

OBJECTIF : connaître les marques de l'imparfait et ses valeurs

1 • Tous les verbes sont à l'imparfait.
• Les verbes du premier texte indiquent des faits qui durent ou se répètent.
• Les verbes du second texte décrivent le décor, les personnages.

2 1. Les aurores boréales illuminaient le ciel d'Islande. 2. Afin de réparer la fuite, le plombier se dirigea vers la vanne qui fermait l'eau. 3. L'iceberg géant qui s'est détaché de l'Antarctique faisait 5 800 km². 4. Dans la mythologie égyptienne, au commencement, seule existait une mer sombre.
5. Lors de la canicule, pour nous rafraîchir, nous nous rendions souvent à la piscine.

3 • Je ne comprenais pas son attitude.
• Lola, Medhi et moi participions au journal du collège. • L'homme triait le courrier. • Quelques-uns découvraient la mer pour la première fois.

4 **Les huit verbes suivants sont à l'imparfait :** je déplaçais • ils obligeaient • vous brilliez • nous peignions • nous pliions • tu rougissais • vous veniez • je regardais.

5 Louise était médecin spécialisée en radiologie. Sa blouse blanche faisait ressortir l'éclat de ses cheveux bruns. Chaque jour, elle examinait des dizaines de clichés (radios, scanners...). Son sens de l'observation et ses qualités d'analyse lui permettaient d'identifier des fractures ou des tumeurs difficiles à repérer. Je la considérais comme un modèle, surtout lorsqu'elle présentait le diagnostic à ses patients, avec humanité et précision.

Conjuguer au passé simple (3e personne) p. 6

OBJECTIF : utiliser la voyelle d'appui pour conjuguer à la 3e personne du passé simple (fréquente dans les récits) ; repérer ses valeurs

1 Les verbes encadrés sont au passé simple (b) et mentionnent des actions qui font progresser le récit (c).

2 Phileas Fogg et son domestique Passepartout montèrent dans un cab qui se dirigea rapidement vers la gare de Charing-Cross. À huit heures vingt, le cab s'arrêta devant la grille de la gare. Les deux hommes parcoururent aussitôt la grande salle de la gare. Phileas Fogg donna à Passepartout l'ordre de prendre deux billets de première classe pour Paris. Celui-ci courut vers le guichet puis la formalité accomplie, il revint vers son maître. À huit heures quarante, ils prirent place dans le même compartiment. À huit heures quarante-cinq, un coup de sifflet retentit et le train se mit en marche.

3 **Les huit verbes suivants sont au passé simple :** ils chantèrent • il perçut • elle écrivit • on entendit • on évoqua • ils dirent • ils voulurent • il parvint

4 1. Vers la fin de son voyage, elle fut hébergée par une famille de chasseurs de serpents. Elle resta avec les membres de la famille dans la pièce commune après le dîner. Après les fatigues de la journée, la conversation fut limitée. Assis par terre, ils regardèrent deux acteurs danser à la télévision. Les enfants se mirent alors à les imiter, entraînant bientôt les adultes dans leur danse. 2. Elle les regarda, restant d'abord en retrait puis elle se leva et les rejoignit dans la danse. Tous l'applaudirent. Ils vécurent un moment de partage inoubliable.

Conjuguer au passé composé p. 8

OBJECTIF : former le passé composé (verbe *avoir/être* au présent + p. passé), former le participe passé et réfléchir à son accord

1 1. Elle **a** trouvé un indice.
2. Le train **a** démarré.
3. Elle **est** partie de bonne heure.
4. Ma voisine **est** rentrée hier.
5. Il **a** aperçu son reflet.
6. Il **est** tombé de sa chaise.
7. Le visiteur **a** pris sa veste.
8. Elle **est** revenue de voyage.

2 1. Le bouquiniste a **rangé** /~~ranger~~ (…)
2. Dimanche, je suis ~~aller~~/ **allé** voir une exposition (…)
3. (…) elle ne m'a pas entendu **entrer**/ ~~entré~~ dans sa chambre et elle a ~~sursauter~~/ **sursauté** en m'apercevant.
4. C'est un guide touristique bien fait qui nous a **donné** /~~donner~~ des informations utiles.
5. J'ai **téléphoné** /~~téléphoner~~ à ma grand-mère pour lui ~~donné~~/ **donner** des nouvelles.

3 Le philosophe chinois Confucius **a marqué** • **est né** • **a choisi** • **a préféré** • **est devenu** • on lui **a confié** • il **a essayé**.

4 1. à 5. L'année dernière, <u>*mes parents, mon frère et moi*</u> **sommes allés** au festival d'Avignon. <u>*Nous*</u> **avons visité** le Palais des Papes et <u>*nous*</u> **nous sommes promenés** dans le jardin. Puis <u>*je*</u> **me suis reposée** sur le pont d'Avignon avec mon frère. Pendant ce temps, <u>*nos parents*</u> **ont acheté** des places de théâtre. Le soir, <u>*nous*</u> **avons vu** une comédie et <u>*nous*</u> **avons ri**.

6. Avec l'auxiliaire « **être** », le participe passé s'accorde avec le **sujet** du verbe. Avec l'auxiliaire « **avoir** », le participe passé ne s'accorde pas avec le **sujet** du verbe.

Employer les temps dans un récit au passé p. 10

OBJECTIF : employer les principaux temps du passé (passé simple, imparfait, plus-que-parfait) au bon moment selon leur valeur

1 1. et 2. Depuis plusieurs jours, de gigantesques feux de forêt **embrasaient** (imparfait) la vallée ; les dirigeants **avaient décidé** (plus-que-parfait) de faire appel aux États voisins qui **avaient acheté** (plus-que-parfait) des canadairs. L'un d'eux **accepta** (passé simple) de les aider.

2 Les Troyens **s'efforçaient** de rejoindre le rivage le plus proche. Ils **trouvèrent** une baie qui **formait** un port naturel. Là, Énée **rassembla** et **fit** entrer les sept navires qui lui **restaient**. Ses compagnons **se laissèrent** tomber sur le sable, heureux de toucher enfin terre.

3 L'étranger **arriva** en février, par une matinée brumeuse, dans un tourbillon de vent et de neige. […] Il **était** bien enveloppé des pieds à la tête, et le bord d'un chapeau de feutre mou ne **laissait** apercevoir de sa figure que le bout luisant de son nez. La neige **s'était amoncelée** sur ses épaules.

4 Pour évaluer ton récit, vérifie que tu as utilisé au moins un verbe au passé simple, un à l'imparfait et un au plus-que-parfait comme indiqué dans la consigne.
Ils se levèrent à 5 heures du matin pour décoller avant le lever du soleil. Ils n'étaient jamais montés dans une montgolfière et avaient un peu peur. Le pilote **alluma** les brûleurs qui **crachèrent** des flammes pour chauffer l'air de l'enveloppe, puis le groupe **prit** place dans la nacelle en osier. Quelques instants plus tard, ils **avaient quitté** l'agitation du sol et le vent les **poussait** vers de superbes paysages. Tout **paraissait** minuscule et différent vu d'en haut.

Conjuguer au présent de l'indicatif (1) p. 12

OBJECTIF : former le présent (radical et terminaisons régulières) ; repérer ses valeurs

1 1. **Verbes au présent :** sentez • souffre • suis.
2. Dans ce texte, le présent est le temps du dialogue ; c'est un présent d'énonciation.

2 **il lit** → infinitif : **lire**
elle écrit → infinitif : **écrire**
il dort → infinitif : **dormir**
elle s'écrie → infinitif : **s'écrier**
il dore → infinitif : **dorer**
il lie → infinitif : **lier**

3 Nous nous **dirigeons** vers la berge de la rivière, **lançons** un dernier coup d'œil vers nos affaires puis **nageons** jusqu'à la barque qui **dérive**. Nous nous **hissons** à bord. Nous **rejetons** l'eau qui **stagne** dans le fond et **nettoyons** l'embarcation. Ensuite, nous **appelons** nos amis et les **encourageons** à nous rejoindre.

4 1. Je **finis** toujours les livres que j'ai commencés. → présent d'habitude
2. Certains mammifères **hibernent**. → présent de vérité générale
3. Mon chat ne m'**obéit** jamais. → présent d'habitude
4. En 2011, Jean Dujardin **joue** dans un film muet. → présent historique
5. Comment **vas**-tu ? → présent d'énonciation.

5

W	H	B	D	É	C	O	U	S	U
C	R	É	É	H	U	Z	C	U	I
G	R	A	N	D	I	S	S	E	T
E	P	X	O	Z	T	C	É	R	Q
N	O	R	U	B	E	R	R	E	L
V	U	P	E	U	T	A	U	É	S
O	V	H	O	B	T	I	E	N	E
I	A	E	N	V	O	I	E	S	D
T	I	T	O	P	E	U	O	N	K
J	T	J	G	R	A	N	D	I	T

Conjuguer au présent de l'indicatif (2) p. 14

OBJECTIF : conjuguer les verbes du 3e groupe irréguliers au présent

1 1. a) rejoindre b) moudre c) enfreindre d) valoir a) se méprendre
2. Les verbes *rejoindre* et *enfreindre* prennent les terminaisons habituelles au singulier :
je rejoins, tu rejoins, il rejoint ;
j'enfreins, tu enfreins, il enfreint.

2 1. Le jeu en vaut la chandelle.
2. Cet après-midi, je veux sortir prendre l'air.
3. Tu n'éteins jamais la lumière du couloir.
4. Désormais, je dois prendre le bus pour aller au collège.
5. On entend souvent parler du réchauffement climatique.
6. Moi aussi, j'apprends mieux dans le calme.

3 Le cyclope Polyphème revient avec son troupeau. Comme chaque soir, il le fait entrer dans la caverne puis ferme celle-ci avec un gros rocher qu'il met debout. Il nous voit alors et nous demande qui nous sommes. Nous sentons notre cœur éclater sous la peur. Je prends la parole et dis que nous espérons recevoir l'hospitalité selon les rites de Zeus. Polyphème répond que les cyclopes ne craignent pas les dieux.

4 Les verbes suivants ont pour **terminaisons -s, -s, -t au singulier du présent :**
écrire (j'écris, tu écris, il écrit) • conclure • résoudre • rejoindre • dissoudre • peindre • refaire • plaindre • craindre
Les verbes suivants ont pour **terminaisons -ds, -ds, -d au singulier du présent :**
comprendre (je comprends, tu comprends, il comprend) • répandre • descendre • répondre • perdre • apprendre

Conjuguer au futur p. 16

OBJECTIF : connaître les marques du futur et ses valeurs

1 Quand tu regarderas le ciel, la nuit, puisque j'habiterai dans l'une d'elles, puisque je rirai dans l'une d'elles, alors ce sera pour toi comme si riaient toutes les étoiles. Tu auras, toi, des étoiles qui savent rire !

2 1. et 2. a) Je rédigerai la critique du spectacle pour le journal du collège.
→ **action future**
b) Tu rangeras ta chambre avant de souper ! → **ordre**
c) Si vous dormez dix heures par nuit, vous serez en meilleure forme. → conseil
d) Nous repartirons dans l'espace en 2030.
→ **action future**

3 **Verbes au futur** : resteront • prendras • enverra • pèseront

4 1. Je **partirai** après avoir bu mon café.
2. Nous **repeindrons** la chambre et **referons** l'électricité.

5 Quand l'été reviendra, les soirées seront plus douces. Nous sortirons alors les transats dans le jardin et nous regarderons les étoiles apparaître dans le ciel. Je prendrai mon télescope et je montrerai les constellations à mon petit frère.

6 1. À partir de maintenant, je me méfierai /~~méfirai~~ des propos de ma voisine.
2. Si l'animateur est sympathique, les enfants lui ~~obéieront~~/ obéiront plus facilement.
3. Demain soir, tu verras /~~veras~~ la tour Eiffel illuminée.
4. Dès que j'aurai donné le signal, vous courrez /~~courez~~ le plus vite possible.
5. Je ferai /~~ferais~~ la vaisselle et vous l'essuierez /~~essuyerez~~.
6. Nous accueillerons /~~accueillirons~~ nos correspondants à la gare.
7. L'année prochaine, elle créera /~~créra~~ un nouveau parfum.

Conjuguer à l'impératif p. 18

OBJECTIF : maîtriser les particularités de l'impératif (trois personnes, terminaisons, irrégularités)

1 1. **Espérons** que tout rentrera dans l'ordre.
2. En rentrant, **prends** du pain pour midi.
3. Ne **t'inquiète** pas pour moi.
4. **Partez** tôt pour éviter les embouteillages.

2 Olivia **prend** le sac de Clémentine.
Olivia, **prends** le sac de Clémentine !

3 1. **Va** faire un tour de vélo.
2. **Lève** les yeux.
3. N'**hésite** pas à m'appeler.
4. Ne **crie** pas trop fort.

4 1. Le passant m'indiqua de tourner à gauche. → Tournez à gauche.
2. Elle me conseilla de sortir rapidement.
→ Sortez rapidement.
3. Elle nous recommanda de manger des légumes. → Mangez des légumes.
4. Il m'ordonna de prendre mes affaires.
→ Prenez vos affaires.

5 1. Va à la poste → Vas-y.
2. Attrape un crayon → Attrapes-en un.
3. Retourne à la maison
→ Retournes-y.
4. Cueille des tulipes → Cueilles-en.

6 1. Révolte-toi ! → Ne te révolte pas.
2. Parles-en. → N'en parle pas.
3. Dis-le-lui. → Ne le lui dis pas.
4. Vas-y. → N'y va pas.

7 1. Ne marchez pas sur les pelouses.
→ **interdiction**
2. Passe-moi la torche. → **ordre**
3. Continue de t'entraîner pour progresser. → **conseil**
4. Fais attention. → **conseil**
5. Éteins la télévision ! → **ordre**

Conjuguer au conditionnel présent p. 20

OBJECTIF : connaître les marques du conditionnel et ses valeurs (temps/mode)

1 Ils décachetteraient leur courrier, ils ouvriraient les journaux. [...] Ils sortiraient. Leur travail ne les retiendrait que quelques heures, le matin. Ils se retrouveraient pour déjeuner, d'un sandwich ou d'une grillade, selon leur humeur ; ils prendraient un café à une terrasse, puis rentreraient chez eux, à pied, lentement.

2

Futur	Imparfait	Conditionnel
sentirai sauras appartiendrons serons pourra	avalais fuyions plaçais préférais courais	auriez resteraient devrait modèlerait arrêteraient dirions

3 **Fait dépendant d'une condition :** 1. Si Ulysse restait auprès de Calypso, il deviendrait immortel. 4. J'aurais honte si je fuyais le combat ! • **Fait possible mais incertain :** 6. La spiruline serait bénéfique à la santé. • **Fait imaginaire :** 3. Nous serions une reine et un roi. • **Futur dans le passé :** 2. Mon voisin m'annonça qu'il déménagerait prochainement. • **Demande polie :** 5. Saurais-tu trouver les clés ?

4 1. Si elle travaillait dans le sud, elle **profiterait** du soleil. 2. Je **préférerais** devenir astronaute plutôt que pilote. 3. Si tu avais un tapis volant, tu **ferais** le tour du monde. 4. Vous **devriez** aller au cinéma tous ensemble. 5. Avec tes baskets, tu **courrais** plus facilement. Est-ce que tu **voudrais** bien m'aider à tailler la haie ? 6. Il m'avait promis qu'il ne me **mentirait** plus. 7. **Pourriez**-vous nous apporter l'addition s'il vous plaît ?

5 1. Si j'avais une machine à voyager dans le temps, je découvrirais l'Antiquité grecque. 2. Je prendrais le petit-déjeuner sur Pluton 3. Je visiterais la planète Terre en 2125.

Conjuguer au subjonctif présent p. 22

OBJECTIF : identifier le mode subjonctif, découvrir ses particularités et sa valeur

1 GÉRONTE. — Il faut, Scapin, il faut que tu fasses ici l'action d'un serviteur fidèle.
SCAPIN. — Quoi, Monsieur ?
GÉRONTE. — Que tu ailles dire à ce Turc, qu'il me renvoie mon fils, et que tu te mettes à sa place, jusqu'à ce que j'aie amassé la somme qu'il demande.
SCAPIN. — Eh ! Monsieur, songez-vous à ce que vous dites ? Et vous figurez-vous que ce Turc ait si peu de sens, que d'aller recevoir un misérable comme moi, à la place de votre fils ?
GÉRONTE. — Que diable allait-il faire dans cette galère ?

2 **Indicatif présent :** 1. Je suis persuadée que tu as laissé tes clés sur la serrure. 4. Je suis sûr que vous n'êtes pas coupable. 5. Si vous revenez, il acceptera de rester plus longtemps.
Subjonctif présent : 2. Je doute que tu aies oublié tes affaires. 3. Il est important que vous soyez à l'heure. 6. Vivement que vous reveniez nous voir !

3
- Et que quelqu'un vous **tende** la main
- Que votre chemin **évite** les bombes
- Qu'il **mène** vers de calmes jardins.
- Que votre soleil **éclaircisse** l'ombre
- Qu'il **brille** d'amour au quotidien.

4 1. que la famine **disparaisse** ;
2. que les énergies renouvelables **remplacent** les énergies fossiles ;
3. que la banquise **se reforme** ;
4. que les guerres **cessent**.

5 1. Il faut que je **prenne** rendez-vous chez le coiffeur.
2. Il faut que je **rende** visite à ma voisine.
3. Il faut que je **réserve** des billets d'avion pour partir en Mongolie.

BILAN : Maîtriser la conjugaison p. 24

OBJECTIF : identifier, construire et orthographier les formes verbales les plus fréquentes

1 1. Allons, qu'as-tu à dire, mon garçon ? demanda à Louis Bondell le Capitaine Scott.
2. Le sujet des verbes est **inversé**.

2 1. **Verbes au passé simple :** vint • rua • dut • disparut • ressortit • demanda • beugla
Verbe à l'imparfait : commençait
2. L'imparfait et le passé simple sont utilisés **dans la partie narrative du récit**.
3. Le verbe « **avait oublié** » (ligne 1), conjugué au plus-que-parfait, exprime une action antérieure aux actions exprimées, dans la même phrase, au **passé simple**.

3 1. et 2.

Avant → passé composé	Quand les personnages parlent → présent	Après → futur
ai laissé	est appartient	prendra rapportera reviendra

4 1. a) Le Capitaine Scott demanda à Louis Bondell ce qu'il **avait** à dire.
b) Louis lui répondit qu'il voulait demander à Fred Churchill, qui **était** là, debout sur le quai, d'aller de sa part chez Macdonald.
c) En effet, il **avait laissé** chez celui-ci un sac à main qui lui **appartenait**.
d) Fred prendrait ce sac et le lui **rapporterait**.
2. Dans la dernière phrase, le conditionnel permet d'exprimer un **futur** dans le passé.

5 1. « qu'il aille de ma part ».
Le subjonctif permet d'exprimer **une action dont la réalisation n'est pas certaine** et **une action souhaitée.**
2. Louis Bondell souhaiterait que le capitaine Scott **transmette** son message à Fred Churchill.

2 Conjugue les verbes au présent de l'indicatif.

valoir
vouloir
éteindre
devoir
entendre
apprendre

1. Le jeu en .... la chandelle.
2. Cet après-midi, je .... sortir prendre l'air.
3. Tu n'............................. jamais la lumière du couloir.
4. Désormais, je .... prendre le bus pour aller au collège.
5. On .... souvent parler du réchauffement climatique.
6. Moi aussi, j'............................. mieux dans le calme.

...... / 3

3 Transpose ce récit au présent de l'indicatif.

Ulysse raconte son aventure au pays des cyclopes.

Le cyclope Polyphème (revint) revient avec son troupeau. Comme chaque soir, il le (fit) .... entrer dans la caverne puis (ferma) .... celle-ci avec un gros rocher qu'il (mit) .... debout. Il nous (vit) .... alors et nous (demanda) .... qui nous (étions) ....
Nous (sentions) .... notre cœur éclater sous la peur. Je (pris) .... la parole et (dis) .... que nous (espérions) .... recevoir l'hospitalité selon les rites de Zeus. Polyphème (répondit) .... que les cyclopes ne (craignaient) .... pas les dieux.

D'après Homère, *Odyssée*, chant IX (VIIIe siècle av. J.-C.).

...... / 6

4 EXERCICE DÉFI

Si les terminaisons au singulier du présent sont -s, -s, -t, colorie le verbe en vert.
Si les terminaisons sont -ds, -ds, -d, colorie le verbe en orange.

écrire	comprendre	conclure	répandre	résoudre	rejoindre	dissoudre	
peindre	descendre	refaire	répondre	plaindre	perdre	apprendre	craindre

...... / 4

Le total de mes points est .... / 20

Conjuguer au futur

Observe et retiens

◗ Le futur est un temps simple dont le radical se termine toujours par **la lettre *r***.
Pour les verbes des 1er et 2e groupes, ce radical correspond à l'infinitif.
Les terminaisons du futur sont les mêmes pour tous les groupes.

Radical du futur : toujours terminé par la lettre *r*

- ***-ai*** → *je voyager**ai***
- ***-as*** → *tu voyager**as***
- ***-a*** → *elle voyager**a***
- ***-ons*** → *nous voyager**ons***
- ***-ez*** → *vous voyager**ez***
- ***-ont*** → *ils voyager**ont***

◗ Le futur exprime une action à venir. Il permet aussi d'exprimer un **ordre**, un **conseil** ou une **interdiction**.

1 **Encadre les verbes conjugués au futur et souligne leur sujet.**

Quand tu regarderas le ciel, la nuit, puisque j'habiterai dans l'une d'elles, puisque je rirai dans l'une d'elles, alors ce sera pour toi comme si riaient toutes les étoiles. Tu auras, toi, des étoiles qui savent rire !

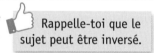

Rappelle-toi que le sujet peut être inversé.

Antoine de Saint-Exupéry, *Le Petit Prince*, © Éditions Gallimard (1946).

...... / 1

2 **1. Encadre les verbes au futur.**

2. Indique si ces phrases expriment une action future, un ordre ou un conseil.

	action future	ordre	conseil
a) Je rédigerai la critique du spectacle pour le journal du collège.	❑	❑	❑
b) Tu rangeras ta chambre avant de souper !	❑	❑	❑
c) Si vous dormez dix heures par nuit, vous serez en meilleure forme.	❑	❑	❑
d) Nous repartirons dans l'espace en 2030.	❑	❑	❑

...... / 2

3 **Colorie les verbes conjugués au futur.**

resteront	courez	voudrais	prendras	rends
durent	enverra	pesèrent	pèseront	auriez

Élimine d'abord les formes dont les terminaisons n'existent pas au futur.

...... / 1

4 **Remplace le futur proche par le futur simple.**

1. Je vais partir après avoir bu mon café.
→ *Je* .... *après avoir bu mon café.*

2. Nous allons repeindre la chambre et refaire l'électricité.
→ *Nous* .... *la chambre et* .... *l'électricité.*

...... / 2

5 **Conjugue les formes verbales au futur.**

Quand l'été (revient) .... , les soirées (sont) .... plus douces.
Nous (sortons) .... alors les transats dans le jardin et nous (regardons) .... les étoiles dans le ciel. Je (prends) .... mon télescope et je (montre) .... les constellations à mon petit frère.

Quand tu as un doute, dis le verbe à haute voix avant de l'écrire.

...... / 6

6 EXERCICE DÉFI **Barre la forme incorrecte et encadre celle qui convient.**

1. À partir de maintenant, je me méfierai/méfirai des propos de ma voisine.
2. Si l'animateur est sympathique, les enfants lui obéieront/obéiront plus facilement.
3. Demain soir, tu verras/veras la tour Eiffel illuminée.
4. Dès que j'aurai donné le signal, vous courrez/courez le plus vite possible.
5. Je ferai/ferais la vaisselle et vous l'essuierez/essuyerez.
6. Nous accueillerons/accueillirons nos correspondants à la gare.
7. L'année prochaine, elle créera/créra un nouveau parfum.

...... / 8

Le total de mes points est .... / 20

Conjuguer à l'impératif

Observe et retiens

▶ L'impératif ne se conjugue qu'à **trois personnes**.
Le pronom personnel sujet n'est jamais exprimé.

	2e personne du singulier	1re personne du pluriel	2e personne du pluriel
1er groupe + verbes *cueillir, offrir, ouvrir*	chante	chantons	chantez
2e groupe	finis	finissons	finissez
3e groupe	vends	vendons	vendez

ATTENTION, à la 2e pers. du singulier, la terminaison est ***-e*** pour les verbes du 1er groupe.

▶ Certains verbes changent de radical.

être	*avoir*	*aller*	*savoir*
sois, soyons, soyez	aie, ayons, ayez	va, allons, allez	sache, sachons, sachez

▶ L'impératif sert à exprimer un **ordre**, un **conseil** ou une **interdiction**.

1 **Encadre les verbes conjugués à l'impératif présent.**

1. Espérons que tout rentrera dans l'ordre.
2. En rentrant, prends du pain pour midi.
3. Ne t'inquiète pas pour moi.
4. Partez tôt pour éviter les embouteillages.

...... 2

2 **Dans chacune des deux phrases ci-dessous :**

1. **encadre les verbes ;**
2. **colorie le verbe conjugué à l'impératif présent ;**
3. **ajoute la ponctuation adaptée.**

Il faut insérer une virgule, un point et un point d'exclamation.

Olivia prend le sac de Clémentine   Olivia prends le sac de Clémentine

...... 3

3 Conjugue les verbes au présent de l'impératif (2e personne du singulier).

1. Tu vas faire un tour de vélo. → faire un tour de vélo.
2. Tu lèves les yeux. → ....
3. Tu n'hésites pas à m'appeler. → ....
4. Tu ne cries pas trop fort. → ....

...... / 2

4 Transforme à la 2e personne du pluriel de l'impératif présent l'élément souligné.

1. Le passant m'indiqua de tourner à gauche. → Tournez à gauche.
2. Elle me conseilla de sortir rapidement. → ....
3. Elle nous recommanda de manger des légumes. → ....
4. Il m'ordonna de prendre mes affaires. → ....

...... / 3

5 Complète ces phrases en utilisant la 2e personne du singulier de l'impératif.

1. V..... à la poste. → V.....-y.
2. Attrap..... un crayon. → Attrap.....-en un.
3. Retourn..... à la maison. → Retourn.....-y.
4. Cueill..... des tulipes. → Cueill.....-en.

...... / 2

Les verbes du 1er groupe suivis de ***y*** ou ***en*** prennent un ***s*** à la 2e pers. du sg (ex. : *Manges-en*.).

6 Mets ces phrases à la forme négative.

1. Révolte-toi ! → Ne te révolte pas.
2. Parles-en. → ....
3. Dis-le-lui. → ....
4. Vas-y. → ....

...... / 3

7 Relie chaque phrase à la valeur de l'impératif correspondante.

1. Ne marchez pas sur les pelouses. •
2. Passe-moi la torche ! •
3. Continue de t'entraîner pour progresser. •
4. Fais attention. •
5. Éteins la télévision ! •

• interdiction
• ordre
• conseil

...... / 5

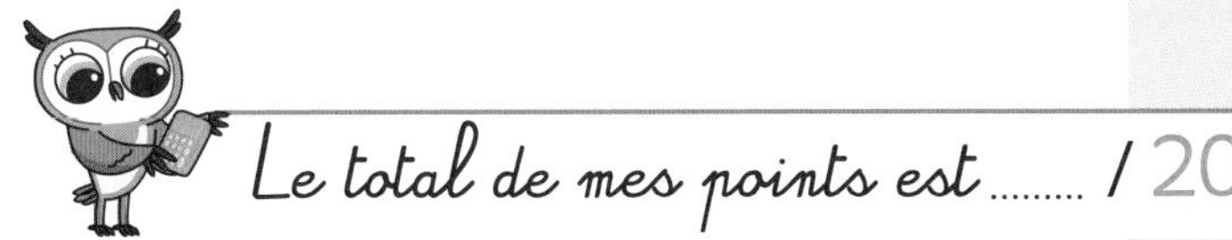
Le total de mes points est .... / 20

Conjuguer au conditionnel présent

Observe et retiens

- Le conditionnel présent se forme sur le même radical que le **futur** avec les terminaisons de l'**imparfait**.
- On l'emploie, selon le cas, avec une valeur :

1. de **temps** pour exprimer un futur dans le passé *(ex. : Je savais qu'il **reviendrait**.)* ;

2. de **mode**, pour exprimer :

un fait dépendant d'une condition	un fait possible mais incertain	un fait imaginaire : souhait, rêve	une demande polie
*Si tu venais m'aider, je **serais** soulagée.*	*Il **semblerait** que Los Angeles organise les JO de 2028.*	*Je me **transformerais** en oiseau et je m'**envolerais**.*	***Pourriez**-vous m'indiquer l'heure ?*

1 **Encadre les verbes conjugués au conditionnel présent et souligne leur sujet.**

Un jeune couple imagine sa vie idéale.

Ils décachetteraient leur courrier, ils ouvriraient les journaux. [...] Ils sortiraient. Leur travail ne les retiendrait que quelques heures, le matin. Ils se retrouveraient pour déjeuner, d'un sandwich ou d'une grillade, selon leur humeur ; ils prendraient un café à une terrasse, puis rentreraient chez eux, à pied, lentement.

Georges Perec, *Les Choses*, © Éditions Julliard (1965, 1997, 2015).

...... / 1

2 **Colorie en vert les verbes conjugués au futur, en bleu les verbes conjugués à l'imparfait et en orange les verbes conjugués au conditionnel présent.**

avalais	auriez	resteraient	sentirai	fuyions	sauras	devrait	appartiendrons
serons	plaçais	modèlerait	préférais	pourra	arrêteraient	dirions	courais

...... / 2

3 **Relie chaque phrase à la valeur du conditionnel qui convient.**

1. Si Ulysse restait auprès de Calypso, il deviendrait immortel. •	• fait dépendant d'une condition
2. Mon voisin m'annonça qu'il déménagerait prochainement. •	• fait possible mais incertain
3. Nous serions une reine et un roi. •	• fait imaginaire
4. J'aurais honte si je fuyais le combat ! •	• futur dans le passé
5. Saurais-tu trouver les clés ? •	• demande polie
6. La spiruline serait bénéfique à la santé. •	

...... / 6

4 **Conjugue les verbes au conditionnel présent.**

profiter
préférer
faire
devoir
courir
vouloir
mentir
pouvoir

1. Si elle travaillait dans le sud, elle .... du soleil.
2. Je .... devenir astronaute plutôt que pilote.
3. Si tu avais un tapis volant, tu .... le tour du monde.
4. Vous .... aller au cinéma tous ensemble.
5. Avec tes baskets, tu .... plus facilement.
6. Est-ce que tu .... bien m'aider à tailler la haie ?
7. Il m'avait promis qu'il ne me .... plus.
8. ....-vous nous apporter l'addition s'il vous plaît ?

...... / 8

5 **Rédige trois phrases au conditionnel présent en t'inspirant de l'image.**

1. *Si j'avais une machine à voyager dans le temps, je*
....
2. ....
....
3. ....
....

...... / 3

Le total de mes points est .... / 20

Conjuguer au subjonctif présent

FORCE 3

Observe et retiens

- Le **subjonctif présent** se forme avec les terminaisons : *-e*, *-es*, *-e*, *-ions*, *-iez*, *-ent*.
- Quelques verbes très fréquents ont des radicaux irréguliers qu'il faut connaître :

avoir → que j'aie	*pouvoir → que je puisse*	*savoir → que je sache*	*aller → que j'aille*
être → que je sois	*vouloir → que je veuille*	*faire → que je fasse*	

- On recourt au mode subjonctif quand l'action est **simplement envisagée**, qu'il n'est pas certain qu'elle se produise. (ex. : *Je veux que tu prennes soin de toi.*)

1 **Encadre les six verbes conjugués au subjonctif et souligne leur sujet.**

GÉRONTE. — Il faut, Scapin, il faut que tu fasses ici l'action d'un serviteur fidèle.

SCAPIN. — Quoi, Monsieur ?

GÉRONTE. — Que tu ailles dire à ce Turc qu'il me renvoie mon fils, et que tu te mettes à sa place, jusqu'à ce que j'aie amassé la somme qu'il demande.

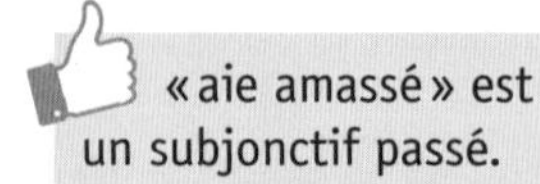
« aie amassé » est un subjonctif passé.

SCAPIN. — Eh ! Monsieur, songez-vous à ce que vous dites ? Et vous figurez-vous que ce Turc ait si peu de sens, que d'aller recevoir un misérable comme moi, à la place de votre fils ?

GÉRONTE. — Que diable allait-il faire dans cette galère ?

Molière, *Les Fourberies de Scapin*, Acte II, scène 7.

..... / 2

2 **Indique si le verbe encadré est à l'indicatif présent ou au subjonctif présent.**

	indicatif présent	subjonctif présent
1. Je suis persuadée que tu [as] laissé tes clés sur la serrure.	❑	❑
2. Je doute que tu [aies] oublié tes affaires.	❑	❑
3. Il est important que vous [soyez] à l'heure.	❑	❑
4. Je suis sûr que vous n'[êtes] pas coupable.	❑	❑
5. Si vous [revenez], il acceptera de rester plus longtemps.	❑	❑
6. Vivement que vous [reveniez] nous voir !	❑	❑

..... / 6

3 **Complète la chanson en conjuguant les verbes en couleur au subjonctif présent.**

tendre éviter mener	

On vous souhaite tout le bonheur du monde
Et que quelqu'un vous .... la main
Que votre chemin .... les bombes
Qu'il .... vers de calmes jardins
On vous souhaite tout le bonheur du monde
Pour aujourd'hui comme pour demain

éclaircir briller	

Que votre soleil .... l'ombre
Qu'il .... d'amour au quotidien

Tout Le Bonheur Du Monde, paroles de M. D'inca et Numéro 9

...... / 5

4 **Un magicien te prête sa baguette magique. Fais quatre vœux au subjonctif présent.**

1. *Abracadabra, que* ....
....
2. *que* ....
....
3. *que* ....
....
4. *que* ....
....

...... / 4

5 **Établis au subjonctif présent une liste de trois choses que tu veux faire cette semaine.**

1. *Il faut que je* ....
2. *Il faut que je* ....
3. *Il faut que je* ....

...... / 3

Le total de mes points est .... / 20

Maîtriser la conjugaison

Au moment d'embarquer à bord du Seattle n° 4, Louis Bondell s'aperçoit qu'il a oublié une sacoche en cuir chez un ami.

Soudain, la pensée lui vint qu'il avait oublié quelque chose, et il se rua vers le bastingage, en hurlant :

– Fred ! Ohé ! ... Ohé ! Fred ! [...]

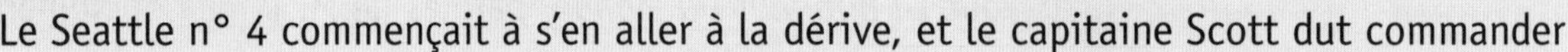

Le Seattle n° 4 commençait à s'en aller à la dérive, et le capitaine Scott dut commander machine arrière, pour maintenir en place le bateau dans le courant. Puis il disparut un instant dans sa cabine, et ressortit muni d'un énorme porte-voix. [...]

– Allons, qu'as-tu à dire, mon garçon ? demanda à Louis Bondell le capitaine Scott.

– Je voudrais dire à Fred Churchill, qui est là, debout sur le quai, qu'il aille de ma part chez Macdonald. J'ai laissé chez celui-ci un sac à main qui m'appartient. Fred prendra ce sac et me le rapportera, quand, à son tour, il reviendra chez nous.

À travers le silence, le capitaine Scott beugla le message au porte-voix.

Jack London, *Une mission de confiance*, Trust (1908), trad. L. Postif et P. Gruyer.

1 Je reconnais un verbe et son sujet

1. Ligne 7 : encadre les verbes à l'indicatif dans cettre phrase et <u>souligne</u> leur sujet.

2. Que peux-tu dire à propos du sujet de ces verbes ? Il est ....

…… / 2

2 Je repère les temps du récit

1. Surligne en jaune les 7 verbes au passé simple et en orange le verbe à l'imparfait.

2. Coche la bonne case.

L'imparfait et le passé simple sont utilisés :

❒ dans la partie narrative du récit ❒ dans la partie dialoguée

3. Complète la phrase ci-dessous en relevant un verbe au plus-que-parfait.

Le verbe ...., conjugué au plus-que-parfait, exprime une action antérieure aux actions exprimées, dans la même phrase, au ....

…… / 3

3 Je repère les temps du discours

1. Lignes 8 à 10 : surligne en bleu les 2 verbes au présent de l'indicatif, en rose le verbe au passé composé, en vert les 3 verbes au futur.

2. Inscris les verbes sous l'axe du temps à l'endroit qui convient.

avant	moment où les personnages parlent	après
....	....	....
....	....	....
....	....	....

...... / 6

4 Je conjugue aux temps de l'indicatif

1. Complète les paroles transposées en conjuguant chaque verbe au temps qui convient.

a) Le capitaine Scott demanda à Louis Bondell ce qu'il .... (*avoir* à l'imparfait) à dire.

b) Louis lui répondit qu'il voulait demander à Fred Churchill, qui .... (*être* à l'imparfait) là, debout sur le quai, d'aller de sa part chez Macdonald.

c) En effet, il .... (*laisser* au plus-que-parfait) chez celui-ci un sac à main qui lui .... (*appartenir* à l'imparfait).

d) Fred prendrait ce sac et le lui .... (*rapporter* au conditionnel).

2. Dans la dernière phrase, quelle est la valeur du conditionnel ?

Ici, ce temps permet d'exprimer un .... dans le passé.

...... / 5

5 Je reconnais et j'emploie le subjonctif présent

1. Ligne 8, encadre un verbe au subjonctif présent, puis coche les bonnes cases.

Le subjonctif présent permet d'exprimer :

- ❐ une action dont la réalisation n'est pas certaine
- ❐ une action certaine
- ❐ une action souhaitée

2. Complète la phrase suivante avec un verbe au subjonctif présent.

Louis Bondell souhaiterait que ....

...... / 4

Le total de mes points est .... / 20

Verbes modèles

JOUER (1er groupe)

INDICATIF **présent**		INDICATIF **imparfait**		INDICATIF **futur**		CONDITIONNEL **présent**	
je joue	nous jouons	je jouais	nous jouions	je jouerai	nous jouerons	je jouerais	nous jouerions
tu joues	vous jouez	tu jouais	vous jouiez	tu joueras	vous jouerez	tu jouerais	vous joueriez
il/elle joue	ils/elles jouent	il/elle jouait	ils/elles jouaient	il/elle jouera	ils/elles joueront	il/elle jouerait	ils/elles joueraient

INDICATIF **passé composé**		INDICATIF **plus-que-parfait**		INDICATIF **passé simple**		SUBJONCTIF **présent**	
j'ai joué	nous avons joué	j'avais joué	nous avions joué	je jouai	nous jouâmes	que je joue	que nous jouions
tu as joué	vous avez joué	tu avais joué	vous aviez joué	tu jouas	vous jouâtes	que tu joues	que vous jouiez
il/elle a joué	ils/elles ont joué	il/elle avait joué	ils/elles avaient joué	il/elle joua	ils/elles jouèrent	qu'il/elle joue	qu'ils/elles jouent

IMPÉRATIF **présent**		
joue	jouons	jouez

GRANDIR (2e groupe)

INDICATIF **présent**		INDICATIF **imparfait**		INDICATIF **futur**		CONDITIONNEL **présent**	
je grandis	nous grandissons	je grandissais	nous grandissions	je grandirai	nous grandirons	je grandirais	nous grandirions
tu grandis	vous grandissez	tu grandissais	vous grandissiez	tu grandiras	vous grandirez	tu grandirais	vous grandiriez
il/elle grandit	ils/elles grandissent	il/elle grandissait	ils/elles grandissaient	il/elle grandira	ils/elles grandiront	il/elle grandirait	ils/elles grandiraient

INDICATIF **passé composé**		INDICATIF **plus-que-parfait**		INDICATIF **passé simple**		SUBJONCTIF **présent**	
j'ai grandi	nous avons grandi	j'avais grandi	nous avions grandi	je grandis	nous grandîmes	que je grandisse	que nous grandissions
tu as grandi	vous avez grandi	tu avais grandi	vous aviez grandi	tu grandis	vous grandîtes	que tu grandisses	que vous grandissiez
il/elle a grandi	ils/elles ont grandi	il/elle avait grandi	ils/elles avaient grandi	il/elle grandit	ils/elles grandirent	qu'il/elle grandisse	qu'ils/elles grandissent

IMPÉRATIF **présent**		
grandis	grandissons	grandissez

PARTIR (3e groupe)

INDICATIF **présent**		INDICATIF **imparfait**		INDICATIF **futur**		CONDITIONNEL **présent**	
je pars	nous partons	je partais	nous partions	je partirai	nous partirons	je partirais	nous partirions
tu pars	vous partez	tu partais	vous partiez	tu partiras	vous partirez	tu partirais	vous partiriez
il/elle part	ils/elles partent	il/elle partait	ils/elles partaient	il/elle partira	ils/elles partiront	il/elle partirait	ils/elles partiraient

INDICATIF **passé composé**		INDICATIF **plus-que-parfait**		INDICATIF **passé simple**		SUBJONCTIF **présent**	
je suis parti.e	nous sommes parti.e.s	j'étais parti.e	nous étions parti.e.s	je partis	nous partîmes	que je parte	que nous partions
tu es parti.e	vous êtes parti.e.s	tu étais parti.e	vous étiez parti.e.s	tu partis	vous partîtes	que tu partes	que vous partiez
il/elle est parti.e	ils/elles sont parti.e.s	il/elle était parti.e	ils/elles étaient parti.e.s	il/elle partit	ils/elles partirent	qu'il/elle parte	qu'ils/elles partent

IMPÉRATIF **présent**		
pars	partons	partez

PRENDRE (3e groupe)

INDICATIF présent		INDICATIF imparfait		INDICATIF futur		CONDITIONNEL présent	
je prends	nous prenons	je prenais	nous prenions	je prendrai	nous prendrons	je prendrais	nous prendrions
tu prends	vous prenez	tu prenais	vous preniez	tu prendras	vous prendrez	tu prendrais	vous prendriez
il/elle prend	ils/elles prennent	il/elle prenait	ils/elles prenaient	il/elle prendra	ils/elles prendront	il/elle prendrait	ils/elles prendraient

INDICATIF passé composé		INDICATIF plus-que-parfait		INDICATIF passé simple		SUBJONCTIF présent	
j'ai pris	nous avons pris	j'avais pris	nous avions pris	je pris	nous prîmes	que je prenne	que nous prenions
tu as pris	vous avez pris	tu avais pris	vous aviez pris	tu pris	vous prîtes	que tu prennes	que vous preniez
il/elle a pris	ils/elles ont pris	il/elle avait pris	ils/elles avaient pris	il/elle prit	ils/elles prirent	qu'il/elle prenne	qu'ils/elles prennent

IMPÉRATIF présent		
prends	prenons	prenez

VOULOIR (3e groupe)

INDICATIF présent		INDICATIF imparfait		INDICATIF futur		CONDITIONNEL présent	
je veux	nous voulons	je voulais	nous voulions	je voudrai	nous voudrons	je voudrais	nous voudrions
tu veux	vous voulez	tu voulais	vous vouliez	tu voudras	vous voudrez	tu voudrais	vous voudriez
il/elle veut	ils/elles veulent	il/elle voulait	ils/elles voulaient	il/elle voudra	ils/elles voudront	il/elle voudrait	ils/elles voudraient

INDICATIF passé composé		INDICATIF plus-que-parfait		INDICATIF passé simple		SUBJONCTIF présent	
j'ai voulu	nous avons voulu	j'avais voulu	nous avions voulu	je voulus	nous voulûmes	que je veuille	que nous voulions
tu as voulu	vous avez voulu	tu avais voulu	vous aviez voulu	tu voulus	vous voulûtes	que tu veuilles	que vous vouliez
il/elle a voulu	ils/elles ont voulu	il/elle avait voulu	ils/elles avaient voulu	il/elle voulut	ils/elles voulurent	qu'il/elle veuille	qu'ils/elles veuillent

IMPÉRATIF présent		
veuille	voulons	veuillez

ALLER (3e groupe)

INDICATIF présent		INDICATIF imparfait		INDICATIF futur		CONDITIONNEL présent	
je vais	nous allons	j'allais	nous allions	j'irai	nous irons	j'irais	nous irions
tu vas	vous allez	tu allais	vous alliez	tu iras	vous irez	tu irais	vous iriez
il/elle va	ils/elles vont	il/elle allait	ils/elles allaient	il/elle ira	ils/elles iront	il/elle irait	ils/elles iraient

INDICATIF passé composé		INDICATIF plus-que-parfait		INDICATIF passé simple		SUBJONCTIF présent	
je suis allé.e	nous sommes allé.e.s	j'étais allé.e	nous étions allé.e.s	j'allai	nous allâmes	que j'aille	que nous allions
tu es allé.e	vous êtes allé.e.s	tu étais allé.e	vous étiez allé.e.s	tu allas	vous allâtes	que tu ailles	que vous alliez
il/elle est allé.e	ils/elles sont allé.e.s	il/elle était allé.e	ils/elles étaient allé.e.s	il/elle alla	ils/elles allèrent	qu'il/elle aille	qu'ils/elles aillent

IMPÉRATIF présent		
va	allons	allez

ÊTRE

INDICATIF présent		INDICATIF imparfait		INDICATIF futur		CONDITIONNEL présent	
je suis	nous sommes	j'étais	nous étions	je serai	nous serons	je serais	nous serions
tu es	vous êtes	tu étais	vous étiez	tu seras	vous serez	tu serais	vous seriez
il/elle est	ils/elles sont	il/elle était	ils/elles étaient	il/elle sera	ils/elles seront	il/elle serait	ils/elles seraient

INDICATIF passé composé		INDICATIF plus-que-parfait		INDICATIF passé simple		SUBJONCTIF présent	
j'ai été	nous avons été	j'avais été	nous avions été	je fus	nous fûmes	que je sois	que nous soyons
tu as été	vous avez été	tu avais été	vous aviez été	tu fus	vous fûtes	que tu sois	que vous soyez
il/elle a été	ils/elles ont été	il/elle avait été	ils/elles avaient été	il/elle fut	ils/elles furent	qu'il/elle soit	qu'ils/elles soient

IMPÉRATIF présent		
sois	soyons	soyez

AVOIR

INDICATIF présent		INDICATIF imparfait		INDICATIF futur		CONDITIONNEL présent	
j'ai	nous avons	j'avais	nous avions	j'aurai	nous aurons	j'aurais	nous aurions
tu as	vous avez	tu avais	vous aviez	tu auras	vous aurez	tu aurais	vous auriez
il/elle a	ils/elles ont	il/elle avait	ils/elles avaient	il/elle aura	ils/elles auront	il/elle aurait	ils/elles auraient

INDICATIF passé composé		INDICATIF plus-que-parfait		INDICATIF passé simple		SUBJONCTIF présent	
j'ai eu	nous avons eu	j'avais eu	nous avions eu	j'eus	nous eûmes	que j'aie	que nous ayons
tu as eu	vous avez eu	tu avais eu	vous aviez eu	tu eus	vous eûtes	que tu aies	que vous ayez
il/elle a eu	ils/elles ont eu	il/elle avait eu	ils/elles avaient eu	il/elle eut	ils/elles eurent	qu'il/elle ait	qu'ils/elles aient

IMPÉRATIF présent		
aie	ayons	ayez

Hatier s'engage pour l'environnement en réduisant l'empreinte carbone de ses livres. Celle de cet exemplaire est de : 250 g éq. CO_2
Rendez-vous sur www.hatier-durable.fr

Maquette : Pictorus
Mise en page : Facompo, Rouen
Illustrations : Stéphane Mattern, Adrien Siroy (chouettes)

Crédits photos : page 5 © Tetra Images / Photononstop ; page 7 © www.bridgemanimages.com ; page 9 © Nicolas Thibaut / Photononstop ; page 11 © WLDavies - iStockphoto.

Achevé d'imprimer en Espagne par Macrolibros - N° d'imprimeur : 1960 - Dépôt légal : 04419-7/02 - Août 2019